1 MONTH OF
FREE
READING

at
www.ForgottenBooks.com

By purchasing this book you are eligible for one month membership to ForgottenBooks.com, giving you unlimited access to our entire collection of over 1,000,000 titles via our web site and mobile apps.

To claim your free month visit: www.forgottenbooks.com/free1050576

ISBN 978-0-364-72532-0
PIBN 11050576

For support please visit www.forgottenbooks.com

$$\frac{A}{20,075}$$

ROSA LUXEMBURG

REDE ZUM PROGRAMM

GEHALTEN AUF·DEM GRÜNDUNGSPARTEITAG
DER KOMMUNISTISCHEN·PARTEI DEUTSCHLANDS
(SPARTAKUSBUND)
AM 29.-31. DEZEMBER 1918 ZU BERLIN

PREIS
50
PFENNIG

VERLAG „ROTE FAHNE" BERLIN 1919.

(SPARTAKUSBUND)
AM 29.-31. DEZEMBER 1918 ZU BERLIN

PREIS=
50
PFENNIG

Mk 0,50
VERLAG „ROTE FAHNE" BERLIN 1919.

Parteigenossen und -Genossinnen! Wenn wir heute an die Aufgabe herantreten, unser Programm zu besprechen und es anzunehmen, so liegt dem mehr als der formale Umstand zu Grunde, daß wir uns gestern als eine selbständige neue Partei konstituiert haben und daß eine neue Partei offiziell ein Programm annehmen müsse; der heutigen Besprechung des Programms liegen große historische Vorgänge zu Grunde, nämlich die Tatsache, daß wir vor einem Moment stehen, wo das sozialdemokratische, sozialistische Programm des Proletariats überhaupt auf eine neue Basis gestellt werden muß. Parteigenossen, wir knüpfen dabei an den Faden an, den genau vor 70 Jahren Marx und Engels in dem Kommunistischen Manifest gesponnen hatten. Das Kommunistische Manifest behandelte den Sozialismus, die Durchführung der sozialistischen Endziele, wie Sie wissen, als die unmittelbare Aufgabe der proletarischen Revolution. Es war die Auffassung, die Marx und Engels in der Revolution von 1848 vertraten und als die Basis für die proletarische Aktion auch im internationalen Sinne betrachteten. Damals glaubten die beiden und mit ihnen alle führenden Geister der proletarischen Bewegung, man stände vor der unmittelbaren Aufgabe, den Sozialismus einzuführen; es sei dazu nur notwendig, die politische Revolution durchzusetzen, der politischen Gewalt im Staate sich zu bemächtigen, um den Sozialismus unmittelbar zu Fleisch und Blut zu machen. Nachher wurde, wie sie wissen, von Marx und Engels selbst eine durchgreifende Revision dieses Standpunktes vorgenommen. In der ersten Vorrede zum Kommunistischen Manifest vom Jahre 1872, die noch von Marx und Engels gemeinsam unterzeichnet ist (abgedruckt in der Ausgabe des „K. M." von 1894), sagen die beiden über ihr eigenes Werk:

Dieser Passus
— das Ende von Abschnitt II, nämlich die Darlegung der praktischen Maßnahmen zur Durchführung des Sozialismus —
würde heute in vieler Beziehung anders lauten. Gegenüber der immensen Fortentwicklung der großen Industrie in den letzten fünfundzwanzig Jahren und der mit ihr fortschreitenden Parteiorganisation der Arbeiterklasse, gegenüber den praktischen Erfahrungen, zuerst der Februarrevolution und noch weit mehr der Pariser Kommune, wo das Proletariat zum ersten Mal zwei Monate lang die politische Gewalt inne hatte, ist heute dies Programm stellenweise veraltet. Nament-

lich hat die Kommune den Beweis geliefert, daß „die Arbeiterklasse nicht die fertige Staatsmaschine einfach in Besitz nehmen und sie für ihre eigenen Zwecke in Bewegung setzen kann."

Und wie lautet dieser Passus, der für veraltet erklärt wurde? Das lesen wir in dem Kommunistischen Manifest auf Seite 23 folgendermaßen.

Das Proletariat wird seine politische Herrschaft dazu benutzen, der Bourgeoisie nach und nach alles Kapital zu entreißen, alle Produktionsinstrumente in den Händen des Staats, d. h. des als herrschende Klasse organisierten Proletariats zu zentralisieren und die Masse der Produktionskräfte möglichst rasch zu vermehren.

Es kann dies natürlich zunächst nur geschehen vermittels despotischer Eingriffe in das Eigentumsrecht und in die bürgerlichen Produktionsverhältnisse, durch Maßregeln also, die ökonomisch unzureichend und unhaltbar erscheinen, die aber im Laufe der Bewegung über sich selbst hinaus treiben und als Mittel zur Umwälzung der ganzen Produktionsweise unvermeidlich sind.

Diese Maßregeln werden natürlich je nach den verschiedenen Ländern verschieden sein.

Für die fortgeschrittensten Länder werden jedoch die folgenden ziemlich allgemein in Anwendung kommen können:

1. Expropriation des Grundeigentums und Verwendung der Grundrente zu Staatsausgaben.

2. Starke Progressivsteuer.

3. Abschaffung des Erbrechts.

4. Konfiskation des Eigentums aller Emigranten und Rebellen.

5. Zentralisation des Kredits in den Händen des Staats durch eine Nationalbank mit Staatskapital und ausschließlichem Monopol.

6. Zentralisation des Transportwesens in den Händen des Staates

7. Vermehrung der Nationalfabriken, Produktionsinstrumente, Urbarmachung und Verbesserung der Ländereien nach einem gemeinschaftlichen Plan.

8. Gleicher Arbeitszwang für alle, Errichtung industrieller Armeen, besonders für den Ackerbau.

9. Vereinigung des Betriebs von Ackerbau und Industrie, Hinwirken auf die allmähliche Beseitigung des Unterschieds von Stadt und Land.

10. Oeffentliche und unentgeltliche Erziehung aller Kinder. Beseitigung der Fabrikarbeit der Kinder in ihrer heutigen

Form. Vereinigung der Erziehung mit der materiellen Produktion usw.

Wie Sie sehen, sind das mit einigen Abweichungen dieselben Aufgaben, vor denen wir heute unmittelbar stehen: die Durchführung, Verwirklichung des Sozialismus. Zwischen der Zeit, wo jenes als Programm aufgestellt wurde, und dem heutigen Moment liegen 70 Jahre kapitalistischer Entwicklung, und die historische Dialektik hat dahin geführt, daß wir heute zu der Auffassung zurückkehren, die Marx und Engels nachher als eine irrtümliche aufgegeben hatten. Sie hatten sie mit gutem Grunde damals als eine irrtümliche aufgegeben. Die Entwicklung des Kapitals, die inzwischen vor sich gegangen ist, hat uns dahin gebracht, daß das, was damals Irrtum war, heute Wahrheit geworden ist; und heute ist unmittelbare Aufgabe, das zu erfüllen, wovor Marx und Engels im Jahre 1848 standen. Allein zwischen jenem Punkte der Entwicklung, dem Anfange, und unserer heutigen Auffassung und Aufgabe liegt die ganze Entwicklung nicht bloß des Kapitalismus, sondern auch der sozialistischen Arbeiterbewegung und in erster Linie derjenigen in Deutschland als des führenden Landes des modernen Proletariats. Die Entwicklung hat in einer eigenartigen Form stattgefunden. Nachdem von Marx und Engels nach den Enttäuschungen der Revolution von 1848 der Standpunkt aufgegeben wurde, daß das Proletariat unmittelbar, direkt in der Lage sei, den Sozialismus zu verwirklichen, entstanden in jedem Lande sozialdemokratische, sozialistische Parteien, die einen ganz andern Standpunkt einnahmen. Als unmittelbare Aufgabe wurde erklärt. der tägliche Kleinkampf auf politischem und wirtschaftlichem Gebiete, um nach und nach erst die Armeen des Proletariats heranzubilden, die berufen sein werden, wenn die kapitalistische Entwicklung heranreift, den Sozialismus zu verwirklichen. Dieser Umschwung, diese völlig andere Basis, auf die das sozialistische Programm gestellt wurde, hat namentlich in Deutschland eine sehr typische Form erhalten. In Deutschland war ja für die Sozialdemokratie bis zu ihrem Zusammenbruch am 4. August das Erfurter Programm maßgebend, in dem die sogenannten nächsten Minimalaufgaben auf dem ersten Plan standen und der Sozialismus nur als der Leuchtstern in der Ferne, als das Endziel hingestellt wurde. Es kommt aber alles darauf an, nicht, was im Programm geschrieben steht, sondern wie man das Programm lebendig erfaßt; und für diese Auffassung des Programms war maßgebend eine wichtige geschichtliche Urkunde unserer Arbeiterbewegung, nämlich jene Vorrede, die Friedrich Engels im Jahre 1895 zu den „Klassenkämpfen in Frankreich" geschrieben hat. Parteigenossen, ich gehe auf diese Fragen ein nicht aus bloßem historischen Interesse, sondern es ist eine rein aktuelle Frage und eine historische Pflicht, die vor uns steht, indem wir unser Programm heute auf den Boden stellen, auf dem einst 1848 Marx und Engels standen. Mit den Veränderungen, die die historische Entwicklung inzwischen herbeigeführt hat, haben wir die Pflicht, ganz klar und bewußt eine Revision vorzunehmen gegenüber der Auffassung, die in der deutschen Sozialdemokratie bis zum Zusammenbruch am 4. August maßgebend war. Diese Revision soll hier offiziell vorgenommen werden.

Parteigenossen, wie hat Engels die Frage aufgefaßt in jener berühmten Vorrede zu den „Klassenkämpfen in Frankreich" von Marx, die er im Jahre 1895, also schon nach dem Tode von Marx, geschrieben hatte? Er hat zuerst, rückblickend bis zum Jahre 1848, dargelegt, die Auffassung sei veraltet, daß man unmittelbar vor der sozialistischen Revolution stehe. Dann fährt er in seiner Schilderung fort:

Die Geschichte hat uns allen, die ähnlich dachten, Unrecht gegeben. Sie hat klar gemacht, daß der Stand der ökonomischen Entwicklung auf dem Kontinent damals noch bei weitem nicht reif war für die Beseitigung der kapitalistischen Produktion; sie hat dies bewiesen durch die ökonomische Revolution, die seit 1848 den ganzen Kontinent ergriffen und die große Industrie in Frankreich, Oesterreich, Ungarn, Polen und neuerdings Rußland erst wirklich eingebürgert, aus Deutschland aber geradezu ein Industrieland ersten Ranges gemacht hat — alles auf kapitalistischer, im Jahre 1848 also noch sehr ausdehnungsfähiger Grundlage.

Dann entwickelt er, wie sich seit jener Zeit alles verändert hat, und kommt auf die Frage zu sprechen, wie in Deutschland die Aufgaben der Partei liegen:

Der Krieg von 1870/71 und die Niederlage der Kommune hatten, wie Marx vorhergesagt, den Schwerpunkt der europäischen Arbeiterbewegung einstweilen von Frankreich nach Deutschland verlegt. In Frankreich braucht es selbstverständlich Jahre, bis man sich von dem Aderlaß des Mai 1871 erholt hatte. In Deutschland dagegen, wo die obendrein von dem französischen Milliardensegen geradezu treibhausmäßig geförderte Industrie sich immer rascher entwickelte, wuchs noch weit rascher und nachhaltiger die Sozialdemokratie. Dank dem Verständnis, womit die deutschen Arbeiter das 1866 eingeführte allgemeine Stimmrecht benutzten, liegt das staunenerregende Wachstum der Partei in unbestreitbaren Zahlen offen vor aller Welt.

Dann kommt die berühmte Aufzählung, wie wir wuchsen von Reichstagswahl zu Reichstagswahl bis in die Millionen, und daraus schließt Engels folgendes:

Mit dieser erfolgreichen Benutzung des allgemeinen Stimmrechts war aber eine ganz neue Kampfweise des Proletariats in Wirksamkeit getreten, und diese bildete sich rasch weiter aus. Man fand, daß die Staatseinrichtungen, in denen die Herrschaft der Bourgeoisie sich organisiert, noch weitere Handhaben bieten, vermittels deren die Arbeiterklasse diese selben Staatseinrichtungen bekämpfen kann. Man beteiligte sich an den Wahlen für Einzellandtage, Gemeinderäte, Gewerbegerichte, man machte der Bourgeoisie jeden Posten streitig, bei deffen Besetzung ein genügender Teil des Proletariats mitsprach. Und so geschah es, daß Bourgeoisie und Regierung dahin kamen, sich weit mehr zu fürchten vor der gesetzlichen als vor der ungesetzlichen Aktion der Arbeiterpartei, vor den Erfolgen der Wahl als vor denen der Rebellion.

Und hier knüpft Engels eine ausführliche Kritik des Wahnes an, als könnte überhaupt in den modernen Verhältniffen des Kapitalismus das Proletariat auf der Straße durch die Revolution irgend etwas erreichen. Ich glaube, daß es heute angesichts deffen, daß wir mitten in der Revolution, in einer Straßenrevolution mit allem, was dazu gehört, stehen, Zeit ist, sich mit der Auffaffung auseinanderzusetzen, die in der deutschen Sozialdemokratie offiziell bis zur letzten Stunde gang und gäbe war und die mit dafür verantwortlich ist, daß wir den 4. August 1914 erlebt haben.

(Sehr richtig!)

Ich will damit nicht sagen, daß Engels sich persönlich durch diese Ausführungen zum Mitschuldigen an dem ganzen Gange der Entwicklung in Deutschland gemacht hat; ich sage nur: hier ist ein klassisch zusammengefaßtes Dokument für die Auffaffung, die in der deutschen Sozialdemokratie lebendig war, oder vielmehr: die sie tot machte. Hier, Parteigenoffen, legt Ihnen Engels dar mit aller Sachkenntnis, die er auch auf dem Gebiete der Militärwiffenschaften hatte, daß es ein purer Wahn ist zu glauben, das arbeitende Volk könnte bei der heutigen Entwicklung des Militarismus, der Industrie und der Großstädte, Straßenrevolutionen machen und dabei siegen. Diese Entgegenstellung brachte zweierlei mit sich: erstens wurde dabei der parlamentarische Kampf als Gegensatz zur direkten revolutionären Aktion des Proletariats und geradezu als das einzige Mittel des Klaffenkampfes betrachtet. Es war der reine Nur-Parlamentarismus, der sich aus dieser Kritik ergab. Zweitens wurde merkwürdigerweise gerade die gewaltigste Organisation des Klaffenstaates — der Militarismus, die Maffe der in die Kommißröcke gesteckten Proletarier als von vornherein immun und unzugänglich jeder sozialistischen Einwirkung hingestellt. Und wenn die Vorrede davon spricht, bei der heutigen Entwicklung der Riesenarmeen sei es ein Wahnwitz, zu denken, das Proletariat könnte mit diesen mit Maschinengewehren und mit den neuesten technischen Kampfmitteln ausgerüsteten Soldaten je fertig werden, so geht sie offenbar von der Voraussetzung aus, daß, wer Soldat ist, von vornherein und ein für allemal eine Stütze der herrschenden Klaffen bleiben müffe, — ein Irrtum, der, vom Standpunkt der heutigen Erfahrung beurteilt und bei einem Manne, der an der Spitze unserer Bewegung stand, geradezu unbegreiflich wäre, wenn man nicht wüßte, unter welchen tatsächlichen Umständen das angeführte historische Dokument entstanden war. Zu Ehren unserer beiden großen Meister und namentlich des viel später verstorbenen Engels, der mit die Ehre und die Ansichten von Marx vertrat, muß festgestellt werden, daß Engels diese Vorrede bekanntermaßen unter dem direkten Druck der damaligen Reichstagsfraktion geschrieben hat. Das war zu jener Zeit, wo in Deutschland — nach dem Fall des Sozialistengesetzes im Anfange der neunziger Jahre — sich innerhalb der deutschen Arbeiterbewegung eine starke linksgerichtete radikale Strömung bemerkbar machte, die die Parteigenossen vor einem völligen Aufgeben in dem reinen parlamentarischen Kampfe bewahrt wissen wollte. Um die radikalen Elemente theoretisch zu schlagen und praktisch niederzuhalten, um sie durch die Autorität unserer großen Lehrmeister aus der Beachtung der breiten Masse auszuschalten, haben Bebel und Genossen — das war ja damals auch für unsere Zustände bezeichnend: die parlamentarische Reichstagsfraktion entschied, geistig und taktisch, über die Geschicke und Aufgaben der Partei — haben Bebel und Genossen Engels, der im Auslande lebte und sich auf ihre Versicherungen veranlassen mußte, dazu gedrängt, jene Vorrede zu schreiben, da es jetzt die dringendste Notwendigkeit sei, die deutsche Arbeiterbewegung vor anarchistischen Entgleisungen zu retten. Von nun an beherrschte diese Auffassung tatsächlich die deutsche Sozialdemokratie in ihrem Tun und Lassen, bis wir das schöne Erlebnis am 4. August 1914 gehabt haben. Es war die Proklamierung des Nichts-als-Parlamentarismus. Engels hat ja die Ergebnisse, die praktischen Folgen dieser Anwendung seiner Vorrede, seiner Theorie nicht mehr erlebt. Ich bin sicher: wenn man die Werke von Marx und Engels kennt, wenn man den lebendigen revolutionären, echten, unverfälschten Geist kennt, der aus allen ihren Lehren und Schriften atmet, so muß man überzeugt sein, daß Engels der erste gewesen wäre, der gegen die Ausschweifungen, die sich aus dem Nur-Parlamentarismus ergeben haben, gegen diese Versumpfung und Verlotterung der Arbeiterbewegung, wie sie in Deutschland Platz gegriffen hat schon Jahrzehnte vor dem 4. August — da der 4. August nicht etwa vom Himmel gefallen ist als eine unverhoffte Wendung, sondern eine logische Folge dessen war, was wir Tag für Tag und Jahr für Jahr vorher erlebt haben —

(sehr richtig!)

daß Engels und, wenn er gelebt hätte, Marx die ersten gewesen wären, um mit aller Kraft hiergegen zu protestieren und mit mächtiger Hand den Karren zurückzureißen, daß er nicht in den Sumpf hinabrollte. Aber Engels starb im gleichen Jahre als er sein Vorwort schrieb Im Jahre 1895 haben wir ihn verloren; seitdem ging leider die theoretische Führung aus den Händen von Engels in die Hände eines Kautsky über, und da erleben wir die Erscheinung, daß jede Auflehnung gegen den Nur-Parlamentarismus, die Auflehnung, die auf jedem Parteitag von links kam, getragen von einer größeren oder kleineren Gruppe von Genossen, die in zähem Kampf gegen die Versumpfung standen, über deren drohende Folgen sich jeder klar werden mußte, — daß jede solche Auflehnung als Anarchismus, Anarchosozialismus, mindestens aber Antimarrismus gestempelt wurde. Der offizielle Marrismus sollte als Deckmantel dienen für jede Rechnungsträgerei, für jede Abschwenkung von dem wirklichen revolutionären Klassenkampf, für jede Halbheit, die die deutsche Sozialdemokratie und überhaupt die Arbeiterbewegung, auch die gewerkschaftliche, zu einem Dahinsiechen im Rahmen und auf dem Boden der kapitalistischen Gesellschaft verurteilte, ohne jedes ernste Bestreben, die Gesellschaft zu erschüttern und aus den Fugen zu bringen.

Nun, Parteigenossen, heute erleben wir den Moment, wo wir sagen können: wir sind wieder bei Marr, unter seinem Banner. Wenn wir heute in unserm Programm erklären: die unmittelbare Aufgabe des Proletariats ist keine andere als — in wenigen Worten zusammengefaßt — den Sozialismus zur Wahrheit und Tat zu machen und den Kapitalismus mit Stumpf und Stiel auszurotten, so stellen wir uns auf den Boden, auf dem Marr und Engels 1848 standen und von dem sie prinzipiell nie abgewichen waren. Jetzt zeigt sich, was wahrer Marrismus ist und was dieser Ersatz-Marrismus war,

(sehr gut!)

der sich als offizieller Marrismus in der deutschen Sozialdemokratie solange breit machte. Ihr seht ja an den Vertretern dieses Marrismus, wohin er heutzutage geraten, als Neben- und Beigeordneter der Ebert, David und Konsorten. Dort sehen wir die offiziellen Vertreter der Lehre, die man uns jahrzehntelang als den wahren, unverfälschten Marrismus ausgegeben hat. Nein, Marrismus führte nicht dorthin, zusammen mit den Scheidemännern konterrevolutionäre Politik zu machen. Wahrer Marrismus kämpft auch gegen jene, die ihn zu verfälschen suchten, er wühlt wie ein Maulwurf in den Grundfesten der kapitalistischen Gesellschaft und er hat dazu geführt, daß heute der beste Teil des deutschen Proletariats unter unserer Fahne, unter der Sturmfahne der Revolution marschiert und wir auch drüben, wo die Konterrevolution noch zu herrschen scheint, unsere Anhänger und künftigen Mitkämpfer besitzen.

Parteigenossen, wir stehen also heute, wie ich schon erwähnt habe, geführt durch den Gang der historischen Dialektik und bereichert um die ganze inzwischen zurückgelegte 70jährige kapitalistische Entwicklung wieder an der Stelle, wo Marr und Engels 1848 standen, als sie zum ersten Mal das Banner des internationalen Sozialismus aufrollten. Damals glaubte man, als man die Irrtümer, die Illusionen des Jahres 1848 revidierte, nun habe das Proletariat noch eine unendlich weite Strecke Wegs vor sich, bis der Sozialismus zur Wirklichkeit werden könnte. Natürlich, ernste Theoretiker haben sich nie damit abgegeben, irgend welchen Termin für den Zusammenbruch des Kapitalismus als verpflichtend und sicher anzugeben; aber ungefähr dachte man sich die Strecke noch sehr lang, und das spricht

aus jeder Zeile gerade der Vorrede, die Engels 1895 geschrieben
hat. Nun, jetzt können wir ja die Rechnung zusammenfassen. War
es nicht im Vergleich zu der Entwicklung der einstigen Klassenkämpfe
ein sehr kurzer Zeitabschnitt? 70 Jahre der großkapitalistischen Entwicklung haben genügt, um uns so weit zu bringen, daß wir heute
Ernst damit machen können, den Kapitalismus aus der Welt zu
schaffen. Ja noch mehr: wir sind heutzutage nicht nur in der Lage
diese Aufgabe zu lösen, sie ist nicht bloß unsere Pflicht gegenüber
dem Proletariat, sondern ihre Lösung ist heute überhaupt die einzige
Rettung für den Bestand der menschlichen Gesellschaft.

(Lebhafte Zustimmung.)

Denn, Parteigenossen, was hat dieser Krieg anderes von der bürgerlichen Gesellschaft zurückgelassen als einen gewaltigen Trümmer-
haufen? Formell liegen noch sämtliche Produktionsmittel und auch
so viele Machtmittel, fast alle ausschlaggebenden Machtmittel, in den
Händen der herrschenden Klassen: darüber täuschen wir uns nicht.
Aber was sie damit ausrichten können, außer den krampfhaften Ver-
suchen, die Ausbeutung durch Blutbäder wieder aufzurichten, ist nichts
als Anarchie. Sie sind so weit, daß heutzutage das Dilemma, vor
dem die Menschheit steht, heißt: entweder Untergang in der Anarchie
oder die Rettung durch den Sozialismus. Aus den Ergebnissen des
Weltkrieges können die bürgerlichen Klassen unmöglich auf dem
Boden ihrer Klassenherrschaft und des Kapitalismus irgend einen
Ausweg finden. Und so ist es gekommen, daß wir die Wahrheit,
die gerade Marx und Engels zum ersten Mal als wissenschaftliche
Basis des Sozialismus in der großen Urkunde, in dem K o m m u -
n i s t i s c h e n M a n i f e s t, ausgesprochen haben: Der Sozialismus
wird eine geschichtliche Notwendigkeit werden, in des Wortes ge-
nauester Bedeutung heute erleben. Der Sozialismus ist Notwendigkeit geworden nicht bloß deshalb, weil das Proletariat unter den
Lebensbedingungen nicht mehr zu leben gewillt ist, die ihm die kapitalistischen Klassen bereiten, sondern deshalb, weil, wenn das Proletariat nicht seine Klassenpflichten erfüllt und den Sozialismus ver-
wirklicht, uns allen zusammen der Untergang bevorsteht.

(Lebhafte Zustimmung.)

Nun, Parteigenossen das ist die allgemeine Grundlage, auf der
unser Programm aufgebaut ist, das wir heute offiziell annehmen und
dessen Entwurf Sie ja in der Broschüre „Was will der Spartakusbund?" kennen gelernt haben. Es befindet sich im bewußten Gegensatz zu dem Standpunkt, auf dem das Erfurter Programm bisher
steht, im bewußten Gegensatz zu der Trennung der unmittelbaren,
sogenannten Minimalforderungen für den politischen und wirtschaftlichen Kampf von dem sozialistischen Endziel als einem Maximalprogramm. Im bewußten Gegensatz dazu liquidieren wir die Re-
sultate der letzten 70 Jahre der Entwicklung und namentlich das unmittelbare Ergebnis des Weltkrieges, indem wir sagen: für uns gibt

es jetzt kein Minimal- und kein Maximalprogramm; eines und das-
selbe ist der Sozialismus; das ist das Minimum, das wir heutzutage
durchzusetzen haben.

(Sehr gut!)

Ueber einzelne Maßnahmen, die wir in unserm Programm-
entwurf ihnen vorgelegt haben, werde ich mich hier nicht verbreiten,
denn sie haben ja die Möglichkeit, dazu im einzelnen Stellung zu
nehmen, und es würde zu weit führen, wenn wir das detailliert
hier besprechen wollten. Ich betrachte es als meine Aufgabe, nur
die allgemeinen großen Grundzüge, die unsere programmatische
Stellungnahme von der bisherigen, der sogenannten offiziellen deutschen Sozialdemokratie unterscheiden, hier zu kennzeichnen und zu formulieren. Dagegen halte ich es für wichtiger und dringender, daß
wir uns darüber verständigen, wie die konkreten Umstände zu be-
werten sind, wie die taktischen Aufgaben, die praktischen Losungen
sich gestalten müssen, die sich aus der politischen Lage, aus dem bisherigen Verlauf der Revolution und aus den vorauszu-
sehenden weiteren Richtlinien ihrer Entwicklung ergeben.
Wir wollen die politische Situation gemäß der Auffassung besprechen,
die ich zu kennzeichnen versucht habe, — vom Standpunkt der Verwirklichung des Sozialismus als der unmittelbaren Aufgabe, die
jeder Maßnahme, jeder Stellungnahme unsererseits voranzuleuch-
ten hat.

Genossen, unser heutiger Parteitag, der ja, wie ich glaube mit
Stolz sagen zu dürfen, der konstituierende Parteitag der einzigen
revolutionären sozialistischen Partei des deutschen Proletariats ist,
dieser Parteitag fällt zusammen durch Zufall oder vielmehr, wenn ich
eigentlich recht sagen soll, nicht durch Zufall mit einem Wendepunkt
in der Entwicklung der deutschen Revolution selbst. Man kann be-
haupten, daß mit den Vorgängen der letzten Tage die Anfangs-
phase der deutschen Revolution abgeschlossen ist, daß wir jetzt in
ein zweites weiteres Stadium der Entwicklung treten, und es ist
unser aller Pflicht und zugleich die Quelle einer besseren tieferen
Erkenntnis für die Zukunft, Selbstkritik zu üben, eine nachdenkliche
kritische Prüfung des Geleisteten, Geschaffenen und Versäumten vorzunehmen, um die Handhaben für unser weiteres Vorgehen zu gewinnen. Wir wollen einen prüfenden Blick auf die eben abge-
schlossene erste Phase der Revolution werfen!

Ihr Ausgangspunkt war der 9. November. Der 9. November
war eine Revolution voller Unzulänglichkeit und Schwächen. Das
ist kein Wunder. Es war die Revolution, die nach den vier Jahren
des Krieges gekommen ist, nach den vier Jahren, in denen das
deutsche Proletariat dank der Erziehungsschule der Sozialdemokratie
und der freien Gewerkschaften ein solches Maß von Schmach und
Verleugnung seiner sozialistischen Aufgaben an den Tag gelegt hat,
wie sich dafür in keinem anderen Lande uns ein Beispiel bietet.
Man kann nicht erwarten, wenn man auf dem Boden historischer

Entwicklung steht — und das tun wir gerade als Marxisten und Sozialisten —, daß man in dem Deutschland, das das furchtbare Bild des 4. August und der vier Jahre darauf geboten hat, plötzlich am 9. November 1918 eine großartige, klassen- und zielbewußte Revolution erlebt; und was wir am 9. November erlebt haben, war zu drei Vierteln mehr Zusammenbruch des bestehenden Imperialismus als Sieg eines neuen Prinzips.

(Zustimmung.)

Es war einfach der Moment gekommen, wo der Imperialismus wie ein Koloß auf tönernen Füßen, innerlich morsch, zusammenbrechen mußte; und was darauf folgte, war eine mehr oder weniger chaotische, planlose, sehr wenig bewußte Bewegung, in der das einigende Band und das bleibende, das rettende Prinzip nur in der Losung zusammengefaßt war: die Bildung der Arbeiter- und Soldatenräte. Das ist das Stichwort dieser Revolution, das ihr sofort das besondere Gepräge der proletarischen sozialistischen Revolution gegeben hat — bei allen Unzulänglichkeiten und Schwächen des ersten Moments, und wir sollen es nie vergessen, wenn man uns mit den Verleumdungen gegen die russischen Bolschewisten kommt, darauf zu antworten: wo habt ihr das ABC eurer heutigen Revolution gelernt? Von den Russen habt ihrs geholt: die Arbeiter- und Soldatenräte;

(Zustimmung.)

und jene Leutchen, die heute als ihr Amt betrachten, an der Spitze der deutschen sogenannten sozialistischen Regierung die russischen Bolschewisten zu meucheln, Hand in Hand mit den englischen Imperialisten, sie fußen ja formell gleichfalls auf Arbeiter- und Soldatenräten, und sie müssen damit bekennen: die russische Revolution war es, die die ersten Losungen für die Weltrevolution ausgegeben hat. Wir können sicher sagen — und das ergibt sich aus der ganzen Lage von selbst —: in welchem Lande auch nach Deutschland die proletarische Revolution zum Durchbruch kommt, ihre erste Geste wird die Bildung von Arbeiter- und Soldatenräten sein.

(Sehr richtig!)

Gerade darin haben wir das einigende internationale Band unseres Vorgehens, das ist das Stichwort, das unsere Revolution vollständig von allen früheren bürgerlichen Revolutionen scheidet, und es ist sehr charakteristisch für die dialektischen Widersprüche, in denen sich diese Revolution, wie alle Revolutionen übrigens, bewegt, daß sie schon am 9. November, als sie ihren ersten Schrei, gewissermaßen ihren Geburtsschrei ausstieß, das Wort gefunden hat, das uns fortleitet bis in den Sozialismus: Arbeiter- und Soldatenräte, dieses Wort, um das sich alles gruppierte, — und daß die Revolution dieses

Wort inſtinktiv gefunden hat, trotzdem ſie am 9. November ſo ſehr zurück war, daß ſie vor Unzulänglichkeiten, vor Schwächen, vor Mangel an eigener Initiative und Klarheit über ihre Aufgaben es fertig gebracht hat, beinahe am zweiten Tage nach der Revolution die Hälfte der Machtmittel ſich wieder aus der Hand entgleiten zu laſſen, die ſie am 9. November erobert hatte. Darin zeigt ſich einerſeits, daß die heutige Revolution unter dem übermächtigen ·Geſetz der hiſtoriſchen Notwendigkeit ſteht, welches die Bürgſchaft enthält, daß wir Schritt um Schritt an unſer Ziel gelangen werden trotz aller Schwierigkeiten, Verwickelungen und eigener Gebrechen; andrerſeits aber muß man ſagen, wenn man dieſe klare Loſung mit der unzulänglichen Praxis vergleicht, die ſich an ſie geknüpft hat: ·es waren eben die erſten Kinderſchritte der Revolution, die noch Gewaltiges zu leiſten und einen· weiten Weg zu gehen hat, um heranzuwachſen zur völligen Verwirklichung ihrer erſten Loſungen.

Parteigenoſſen, dieſe erſte Phaſe vom 9. November bis zu den letzten Tagen iſt charakteriſiert durch Illuſionen nach allen Seiten hin. Die erſte Illuſion des Proletariats und der Soldaten, die die Revolution gemacht haben, war: die Illuſion der Einigkeit unter dem Banner des ſogenannten Sozialismus. Was kann charakteriſtiſcher ſein für die innere Schwäche der Revolution des 9. November als ihr erſtes Ergebnis, daß an die Spitze der Bewegung Elemente getreten ſind, die zwei Stunden vor Ausbruch der Revolution ihr Amt darin erblickt haben, gegen ſie zu hetzen,

(ſehr richtig!)

ſie unmöglich zu machen: die Ebert-Scheidemann mit Haaſe! Die Idee der Vereinigung der verſchiedenen ſozialiſtiſchen Strömungen unter dem allgemeinen Jubel der Einigkeit, das war das Motto der Revolution vom 9. November, — eine Illuſion, die ſich blutig rächen ſollte und die wir erſt in den letzten Tagen ausgelebt und ausgeträumt haben; eine Selbſttäuſchung auch auf ſeiten der EbertScheidemann und auch der Bourgeois — auf allen Seiten. Ferner eine Illuſion der Bourgeoiſie in dieſem abgeſchloſſenen Stadium, daß ſie vermittels der Kombination Ebert-Haaſe, der ſogenannten ſozialiſtiſchen Regierung, in Wirklichkeit die proletariſchen Maſſen im Zügel halten und die ſozialiſtiſche Revolution werde erdroſſeln können, und die Illuſion auf ſeiten der Regierung Ebert-Scheidemann, daß ſie mit Hilfe der ſoldatiſchen Maſſen von den Fronten die Arbeitermaſſen in ihrem ſozialiſtiſchen Klaſſenkampfe niederhalten könnte. Das waren die verſchiedenartigen Illuſionen, aus denen ſich auch die Vorgänge der letzten Zeit erklären laſſen. Sämtliche Illuſionen ſind in nichts zerronnen. Es hat ſich gezeigt, daß die Vereinigung von Haaſe mit Ebert-Scheidemann unter dem Schilde des „Sozialismus" in Wirklichkeit nichts anderes bedeutete als ein Feigenblatt auf eine rein konterrevolutionäre Politik, und wir haben erlebt, daß wir von dieſer Selbſttäuſchung geheilt wurden wie in allen Revolutionen. Es gibt eine bestimmte revolutionäre Methode, das Volk von seinen Illusionen zu kurieren, diese Kur wird aber leider mit dem Blute des Volkes erkauft. Genau wie in allen früheren Revolutionen so auch hier. Es war das Blut der Opfer in der Chausseestraße am 6. Dezember, es war das Blut der gemordeten Matrosen am 24. Dezember, das die Erkenntnis und die Wahrheit für die breiten Massen besiegelt hat: was ihr da zusammengeleimt habt als eine sogenannte sozialistische Regierung, ist nichts anderes als eine Regierung der bürgerlichen Konterrevolution, und wer diesen Zustand weiter duldet, der arbeitet gegen das Proletariat und gegen den Sozialismus.

(Sehr gut!)

Parteigenossen, zerronnen ist aber auch die Illusion der Herren Ebert-Scheidemann, daß sie mit Hilfe der Soldaten von der Front imstande wären, das Proletariat dauernd niederzuhalten. Denn welches Ergebnis hat der 6. und 24. Dezember gezeitigt? Wir alle haben eine tiefgehende Ernüchterung der Soldatenmassen wahrnehmen können und den Beginn einer kritischen Stellungnahme ihrerseits denselben Herren gegenüber, die sie als Kanonenfutter gegen das sozialistische Proletariat haben gebrauchen wollen. Auch dies steht unter dem Gesetz der notwendigen objektiven Entwicklung der sozialistischen Revolution, daß die einzelnen Trupps der Arbeiterbewegung nach und nach durch eigene bittere Erfahrung dazu gebracht werden, den richtigen Weg der Revolution zu erkennen. Man hat nach Berlin frische Soldatenmassen eingeführt als Kanonenfutter, das die Regungen des sozialistischen Proletariats unterdrücken sollte, — man hat erlebt, daß heute aus verschiedenen Kasernen die Nachfragen nach den Flugblättern des Spartakusbundes kommen. Parteigenossen, das ist der Abschluß der ersten Phase. Die Hoffnungen der Ebert-Scheidemann auf die Beherrschung des Proletariats mit Hilfe der rückständigen Soldaten sind zum großen Teil bereits erschüttert. Was sie in nicht zu ferner Zeit zu gewärtigen haben, das ist eine immer klarere revolutionäre Auffassung auch in der Kaserne und dadurch Vergrößerung der Armee des kämpfenden Proletariats, Schwächung des Lagers der Konterrevolution. Daraus ergibt sich aber, daß noch jemand seine Illusionen verlieren mußte, und das ist die Bourgeoisie, die herrschende Klasse. Wenn Sie die Zeitungen der letzten Tage nach den Ereignissen des 24. Dezember lesen, so merken Sie einen sehr deutlichen, klaren Ton der Enttäuschung, der Entrüstung: die Knechte da oben haben sich als untauglich erwiesen.

(Sehr gut!)

Man erwartete von Ebert-Scheidemann, daß sie sich als die starken Männer erweisen würden, um die Bestie niederzuhalten. Und was haben sie ausgerichtet? Sie haben ein paar unzulängliche Putsche

gemacht, aus denen umgekehrt die Hydra der Revolution noch ent-
schlossener den Kopf erhebt. Also eine gegenseitige Desillusion nach
allen Seiten! Das Proletariat hat jede Illusion verloren über die
Verkoppelung von Ebert-Scheidemann-Haase als sogenannte sozialistische Regierung. Ebert-Scheidemann haben die Illusion verloren,
mit Hilfe des Proletariats im Soldatenrock die Proletarier in der
Arbeiterbluse auf die Dauer niederhalten zu können, und die Bourgeoisie hat die Illusion verloren, vermittelst Ebert-Scheidemann-Haase
die ganze sozialistische Revolution in Deutschland um ihre Ziele zu
betrügen. Es ist nichts als negatives Konto, lauter Fetzen von
vernichteten Illusionen. Aber gerade daß nur solche zerrissenen Fetzen
nach der ersten Phase der Revolution zurückbleiben, ist für das
Proletariat der größte Gewinn; denn es gibt nichts, was der Revolution so schädlich ist als Illusionen, es gibt nichts, was ihr so
nützlich ist wie die klare, offene Wahrheit. Ich kann mich da auf
die Meinung eines Klassikers des deutschen Geistes berufen, der
kein Revolutionär des Proletariats, aber ein geistiger Revolutionär
der Bourgeoisie war: ich meine Lessing, der in einer seiner letzten
Schriften als Bibliothekar in Wolfenbüttel die folgenden für mich
sehr interessanten und sympathischen Sätze geschrieben hat:

> Ich weiß nicht, ob es Pflicht ist, Glück und Leben der
> Wahrheit zu opfern ... Aber das weiß ich, ist Pflicht,
> wenn man Wahrheit lehren will, sie ganz oder gar nicht zu
> lehren, sie klar und rund, ohne Rätsel, ohne Zurückhaltung,
> ohne Mißtrauen in ihre Kraft zu lehren ... Denn je
> gröber der Irrtum, desto kürzer und gerader der Weg zur
> Wahrheit; dahingegen der verfeinerte Irrtum uns auf ewig
> von der Wahrheit entfernt halten kann, je schwerer uns ein-
> leuchtet, daß er Irrtum ist ... Wer nur darauf denkt, die
> Wahrheit unter allerlei Larven und Schminken an den Mann
> zu bringen, der möchte wohl gern ihr Kuppler sein, nur ihr
> Liebhaber ist er nie gewesen.

Parteigenossen, die Herren Haase, Dittmann usw. haben unter aller-
lei Larven und Schminken die Revolution, die sozialistische Ware
an den Mann bringen wollen, sie haben sich als Kuppler der Konterrevolution erwiesen; heute sind wir frei von diesen Zweideutigkeiten,
die Ware steht vor der Masse des deutschen Volkes in der brutalen,
vierschrötigen Gestalt der Herren Ebert und Scheidemann da. Heute
kann auch der Blödeste nicht verkennen: das ist Konterrevolution, wie
sie leibt und lebt.

Was ergibt sich nun als weitere Perspektive der Entwicklung,
nachdem wir ihre erste Phase hinter uns haben. Selbstverständlich
kann es sich nicht darum handeln zu prophezeien, sondern nur darum,
die logischen Konsequenzen aus dem bisher Erlebten zu ziehen und
auf die voraussichtlichen Wege der bevorstehenden Entwicklung zu
schließen, um danach unsere Taktik, unsere eigene Kampfesweise zu
richten. Parteigenossen, wohin führt der Weg weiter? Eine ge-
wisse Andeutung darüber haben Sie schon in den letzten Aeußerungen

der neuen Regierung Ebert-Scheidemann in reiner, unverfälschter Couleur. Wohin kann sich der Kurs der sogenannten sozialistischen Regierung bewegen, nachdem, wie ich gezeigt habe, sämtliche Illusionen verschwunden sind? Diese Regierung verliert mit jedem Tage mehr den Rückhalt in den großen Massen des Proletariats, es sind neben dem Kleinbürgertum nur noch Reste, traurige Reste der Proletarier, die hinter ihr stehen, von denen es aber sehr unklar ist, wie lange sie noch hinter Ebert-Scheidemann stehen werden. Sie werden immer mehr den Rückhalt in den Soldatenmassen verlieren, denn die Soldaten haben sich auf den Weg der Kritik, der Selbstbesinnung begeben, ein Prozeß, der zwar vorerst noch langsam geht, jedoch keinen Halt machen kann bis zur vollen sozialistischen Erkenntnis. Sie haben den Kredit verloren bei der Bourgeoisie, weil sie sich nicht stark genug erwiesen. Wo kann also ihr Weg weiter gehen? Mit der Komödie der sozialistischen Politik werden sie sehr schnell völlig aufräumen; und wenn Sie das neue Programm dieser Herren lesen, dann werden Sie sehen, daß sie in die zweite Phase — die der entschleierten Konterrevolution, ja ich möchte das formulieren: in die Restauration der früheren, vorrevolutionären Verhältnisse mit Volldampf hinaussegeln. Was ist das Programm der neuen Regierung? Es ist die Wahl eines Präsidenten, der eine Mittelstellung zwischen dem englischen König und dem amerikanischen Präsidenten hat,

(sehr gut!)

also beinahe ein König Ebert; und zweitens Wiederherstellung des Bundesrats. Sie konnten heute die selbständig gestellten Forderungen der süddeutschen Regierungen lesen, die den bundesstaatlichen Charakter des Deutschen Reiches unterstreichen. Die Wiederherstellung des alten, braven Bundesrats und natürlich seines Anhängsels, des Deutschen Reichstags, ist nur noch eine Frage von wenigen Wochen. Parteigenossen, die Ebert-Scheidemann begeben sich damit auf die Linie der einfachen Restauration der Verhältnisse, wie sie vor dem 9. November bestanden. Aber damit haben sie sich selbst auf eine schiefe Ebene begeben, um mit zerschmetterten Gliedern auf dem Boden des Abgrunds liegen zu bleiben. Denn die Wiederaufrichtung der Verhältnisse v o r dem 9. November war schon am 9. November überholt, und heute ist Deutschland meilenweit von dieser Möglichkeit entfernt. Die Regierung wird, um ihren Rückhalt bei der einzigen Klasse, deren wirkliche Klasseninteressen sie vertritt, bei der Bourgeoisie, zu stärken, — den Rückhalt, der ja durch die letzten Vorgänge werklich geschwunden ist, — sich gezwungen sehen, eine immer gewaltsamere konterrevolutionäre Politik zu treiben. Aus diesen Forderungen der süddeutschen Staaten, die heute in den Blättern von Berlin veröffentlicht sind, spricht deutlich der Wunsch heraus, eine, wie es heißt, verstärkte Sicherheit des Deutschen Reiches herbeizuführen, auf gut deutsch heißt das: den Belagerungszustand gegen die „anarchistischen", „putschistischen",

bolschewiftischen", also sozialiftischen Elemente durchzuseßen. Ebert-
Scheidemann werden durch die Verhältniffe dahin geftoßen, zur
Diktatur mit oder ohne Belagerungszuftand zu greifen. Daraus ergibt fich aber, daß wir gerade durch die bisherige Entwicklung, durch
die Logik der Ereigniffe felbft und durch das Gewaltfame, das
über den Ebert-Scheidemann laftet, dazu kommen werden, in der
zweiten Phafe der Revolution eine viel verfchärftere Auseinanderfeßung, viel heftigere Klaffenkämpfe zu erleben,

(fehr richtig!)

als das vorhin der Fall war; eine viel fchärfere Auseinanderfeßung
nicht bloß deshalb, weil die politifchen Momente, die ich bisher
aufgezählt habe, dahin führen, ohne Illufionen, Bruft an Bruft,
Auge in Auge den Kampf zwifchen der Revolution und der Konterrevolution aufzunehmen, fondern deshalb, weil ein neues Feuer,
eine neue Flamme immer mehr aus der Tiefe in das Ganze hinein-
greift, und das find die wirtfchaftlichen Kämpfe.

Parteigenoffen, es ift fehr charakteriftifch für die erfte Periode
der Revolution, man kann fagen, bis zum 24 Dezember, die ich
gefchildert habe, daß fie — wir müffen uns das mit vollem Be-
wußtfein klar machen, — eine noch ausfchließlich politifche Revolution war; und darin liegt das Abnorme, das Unzulängliche, das
Halbe und Bewußtlofe diefer Revolution. Das war das erfte
Stadium einer Umwälzung, deren Hauptaufgaben auf ökonomifchem
Gebiete liegen: Umfchwung der wirtfchaftlichen Verhältniffe. Sie
war unbefangen, bewußtlos wie ein Kind, das hinaustappt, ohne
zu wiffen, wohin, fie hatte noch, wie gefagt, einen rein politifchen
Charakter. Erft in den leßten Wochen haben ganz fpontan die
Streiks angefangen fich bemerkbar zu machen. Wir wollen es nun-
mehr ausfprechen:

Es liegt gerade in dem ganzen Wefen diefer Revolution, daß
die Streiks fich mehr und mehr auswachfen, daß fie immer mehr
zum Mittelpunkt, zur Hauptfache der Revolution werden müffen.

(Sehr richtig!)

Das ift dann eine ökonomifche Revolution und damit wird fie eine
fozialiftifche Revolution. Der Kampf um den Sozialismus kann
aber nur durch die Maffen unmittelbar Bruft an Bruft mit dem
Kapitalismus ausgefochten werden, in jedem Betriebe, von jedem
Proletarier gegen feinen Unternehmer. Nur dann wird es eine
fozialiftifche Revolution fein.

Gedankenlofigkeit freilich ftellte fich den Gang anders vor. Man
dachte, es ift nur nötig, die alte Regierung zu ftürzen, eine fozialiftifche Regierung an die Spiße zu ftellen, dann werden Dekrete
erlaffen, die den Sozialismus einführen. Das war wiederum nichts
als eine Illufion. Der Sozialismus wird nicht gemacht und kann
nicht gemacht werden durch Dekrete, auch nicht von einer noch fo aus-
gezeichneten fozialiftifchen Regierung. Der Sozialismus muß durch

die Massen, durch jeden Proletarier gemacht werden. Dort, wo sie an die Kette des Kapitals geschmiedet sind, dort muß die Kette zerbrochen werden. Nur das ist Sozialismus, nur so kann Sozialismus gemacht werden.

Und wie ist die äußere Form des Kampfes um den Sozialismus? Es ist der Streik, und deshalb haben wir gesehen, daß die ökonomische Phase der Entwicklung jetzt in der zweiten Periode der Revolution in den Vordergrund getreten ist. Ich möchte auch hier betonen, wir können es mit Stolz sagen, und das wird niemand bestreiten: wir im Spartakusbund, die Kommunistische Partei Deutschlands, sind die einzigen in ganz Deutschland, die auf Seite der streikenden und kämpfenden Arbeiter stehen.

(Sehr richtig!)

Sie haben gelesen und gesehen bei allen Gelegenheiten, wie sich die Unabhängige Partei den Streiks gegenüber verhalten hat. Es war durchaus kein Unterschied zwischen der Stellung des Vorwärts und der der Freiheit. Es wurde gesagt: ihr müßt fleißig sein, Sozialismus heißt Viel-Arbeiten. Und das sagt man, solange noch das Kapital das Heft in den Händen hat! Damit macht man keinen Sozialismus, sondern nur durch energischste Bekämpfung des Kapitalismus, dessen Ansprüche verteidigt werden von den äußersten Scharfmachern bis zur Unabhängigen Partei, bis zur „Freiheit", allein ausgenommen unsere Kommunistische Partei. Deshalb ist es schon durch diese Darstellung gesagt, daß heute gegen die Streiks restlos alles in schärfster Weise ankämpft, was nicht auf unserem revolutionär-kommunistischen Boden steht.

Daraus ergibt sich: in der kommenden Phase der Revolution werden sich die Streiks nicht nur immer mehr ausdehnen, sondern sie werden im Mittelpunkt, im entscheidenden Punkt der Revolution stehen, zurückdrängend die rein politischen Fragen. So werden Sie einsehen, daß eine ungeheure Verschärfung der Lage im wirtschaftlichen Kampfe eintreten wird. Denn damit kommt die Revolution an die Stelle, wo die Bourgeoisie keinen Spaß versteht. Die Bourgeoisie kann sich Mystifikationen leisten auf politischem Gebiet, wo eine Maskerade noch möglich ist, wo noch Leute wie Ebert-Scheidemann mit sozialistischen Aufschriften auftreten können, aber nicht da, wo es um den Profit geht. Da wird sie die Regierung Ebert-Scheidemann vor die Alternative stellen: entweder mit den Streiks ein Ende zu machen, die ihr drohende Erdrosselung durch die Streikbewegung zu beseitigen, oder aber die Herren Ebert-Scheidemann werden ausgespielt haben. Ich glaube auch, daß schon ihre politischen Maßnahmen dazu führen werden, daß sie sehr bald ausgespielt haben. Die Ebert-Scheidemann empfinden es besonders schmerzlich, daß sie bei der Bourgeoisie nicht viel Vertrauen gefunden haben. Die Bourgeoisie wird es sich überlegen, ob sie den Hermelin auf die derbe Parvenügestalt des Ebert wird legen wollen. Wenn es soweit kommt, dann wird es schließlich heißen: es genügt hierzu nicht Blut an den Fingern, sondern er muß blaues Blut in den Adern haben,

(sehr gut!)

wenn es soweit kommt, dann wird es heißen: wenn wir einen König haben wollen, brauchen wir keinen Emporkömmling der sich nicht mal als König benehmen kann.

(Heiterkeit.)

So, Parteigenossen, drängen die Herren Ebert-Scheidemann dazu, daß sich eine konterrevolutionäre Bewegung breit macht. Sie werden mit den emporlodernden Flammen des ökonomischen Klassenkampfes nicht fertig werden und sie werden der Bourgeoisie mit ihren Bestrebungen doch nicht Befriedigung schaffen. Sie werden untertauchen, um entweder einem Versuch der Konterrevolution Platz zu machen, die sich zusammenrafft zu einem verzweifelten Kampf um einen Herrn Groener oder zu einer ausgesprochenen Militärdiktatur unter Hindenburg, oder aber sie werden anderen konterrevolutionären Mächten weichen müssen.

Genaues läßt sich nicht bestimmen, es können keine positiven Aussagen gemacht werden über das, was kommen muß. Aber es kommt ja gar nicht auf die äußeren Formen an, auf den Moment, wann dieses oder jenes eintritt, uns genügen die großen Richtlinien der Weiterentwicklung, und die führen dahin: Nach der ersten Phase der Revolution, der des vorwiegend politischen Kampfes, kommt eine Phase des verstärkten, gesteigerten, in der Hauptsache ökonomischen Kampfes, wobei in kurzer oder vielleicht etwas längerer Zeit die Regierung Ebert-Scheidemann in den Orkus verschwinden muß.

Was aus der Nationalversammlung in der zweiten Phase der Entwicklung wird, ist gleichfalls schwer vorauszusagen. Es ist möglich, daß, wenn sie zustande kommt, sie eine neue Schule der Erziehung für die Arbeiterklasse sein wird, oder aber, das ist ebenso nicht ausgeschlossen, es kommt überhaupt gar nicht zu der Nationalversammlung, voraussagen läßt sich nichts. Ich will nur in Klammern hinzufügen, damit Sie verstehen, von welchem Standpunkte wir gestern unsere Position verteidigten: wir waren nur dagegen, unsere Taktik auf die eine Alternative zu stellen. Ich will hier nicht von neuem Diskussionen anschneiden, sondern dies nur sagen, damit nicht etwa jemand von Ihnen beim flüchtigen Zuhören auf die Idee kommt: aha, jetzt kommen andere Töne. Wir stehen geschlossen vollkommen auf demselben Boden wie gestern. Wir wollen unsere Taktik gegenüber der Nationalversammlung nicht auf die Möglichkeit einstellen, die wohl eintreten kann, aber nicht muß, daß nämlich die Nationalversammlung in die Luft fliegt, sondern wir wollen sie einstellen auf alle Eventualitäten, auch auf die revolutionäre Ausnutzung der Nationalversammlung, wenn sie zustande kommt. Ob fie zuſtande kommt oder nicht, iſt gleichgültig, die Revolution kann auf alle Fälle nur gewinnen.

Und was bleibt dann der abgewirtſchafteten Regierung Ebert-Scheidemann oder irgend einer anderen ſozialdemokratiſch genannten Regierung, die am Ruder iſt, noch übrig? Ich habe geſagt, das Proletariat als Maſſe iſt bereits ihren Händen entſchlüpft, die Soldaten ſind gleichfalls nicht mehr als konterrevolutionäres Kanonenfutter zu gebrauchen. Was bleibt dieſen armen Leutchen dann überhaupt noch übrig, um ihre Situation zu retten? Es bleibt ihnen nur noch eine Chance, und wenn Sie, Parteigenoſſen, heute die Preſſenachrichten geleſen haben, werden Sie ſehen, wo die letzten Reſerven ſtehen, die die deutſche Konterrevolution gegen uns ins Feld führen wird, wenn es hart auf hart gehen ſoll. Sie haben alle geleſen, daß die deutſchen Truppen bereits in Riga Arm in Arm mit den Engländern gegen die ruſſiſchen Bolſchewiki vorgehen. Parteigenoſſen, ich habe da Dokumente in den Händen, durch die wir das, was jetzt in Riga ausgetragen wird, überbliden können. Die ganze Sache geht aus von dem Oberkommando der VIII. Armee, Arm in Arm mit Herrn Auguſt Winnig, dem deutſchen Sozialdemokraten und Gewerkſchaftsführer. Man hat es immer ſo hingeſtellt, als ſeien die armen Ebert-Scheidemann die Opfer der Entente. Es war aber eine Taktik des Vorwärts ſchon ſeit Wochen, ſeit dem Anfang der Revolution, es ſo hinzuſtellen, als ſei die Erdroſſelung der Revolution in Rußland der aufrichtige Wunſch der Entente, und dadurch wurde der Entente ſelbſt erſt der Gedanke hieran nahe gelegt. Wir haben hier dokumentariſch feſtgeſtellt, wie das auf Koſten des ruſſiſchen Proletariats und der deutſchen Revolution gemacht wurde. In einem Telegramm vom 26. Dezember gibt der Oberſtleutnant Buerkner, Chef des Generalſtabs der VIII. Armee von den Verhandlungen Kenntnis, die zu dieſer Abmachung in Riga führten. Das betreffende Telegramm lautet:

Am 23. 12. fand Beſprechung zwiſchen Reichsbevollmächtigen Winnig und engliſchem Regierungsvertreter früheren Generalkonſul in Riga Monſanquet an Bord engliſchen Schiffes „Prinzeß Margret“ ſtatt, zu welcher auch Beteiligung des deutſchen Oberbefehlshabers oder ſeines Vertreters erbeten war. Ich wurde zur Teilnahme beſtimmt.

Zweck der Beſprechung:

Ausführung der Waffenſtillſtandsbedingungen.

Verlauf der Beſprechung:

Engländer:

Hier liegende Schiffe ſollen Ausführung der Bedingungen überwachen. Auf Grund der Waffenſtillſtandsbedingungen wird Folgendes gefordert:

1. Daß die Deutſchen eine genügende Streitmacht in dieſem Bezirk zu halten haben, um die Bolſchewiſten in Schach zu

halten und ihnen nicht zu erlauben, über ihre gegenwärtigen Stellungen heraus vorzudringen.

Ferner:

3. Eine Aufstellung der gegenwärtigen Dispositionen für die Truppen, welche gegen die Bolschewisten fechten, sowohl der deutschen, wie der lettischen, sollen an den britischen militärischen Stabsoffizier gesandt werden zur Kenntnis für den ältesten Marineoffizier. Alle künftigen Dispositionen hinsichtlich der Truppen, welche zum Kampf gegen die Bolschewisten bestimmt sind, sollen durch denselben Offizier mitgeteilt werden

4. Eine genügende Streitkraft muß an den folgenden Punkten unter Waffen gehalten werden, um ihre Einnahme durch die Bolschewisten oder deren Vordringen in eine allgemeine Linie, welche nachfolgende Plätze verbindet, zu verhindern: Walk, Wolmar, Wenden, Friedrichstadt, Pensk, Mitau.

5. Die Eisenbahn von Riga nach Libau soll gegen bolschewistische Angriffe gesichert werden und alle britischen Vorräte und Post, welche auf dieser Strecke fahren, sollen Vorzugsbehandlung genießen.

Dann folgt eine weitere Reihe von Forderungen. Und nun die Antwort des deutschen Bevollmächtigten Herrn Winnig:

Zwar sei es ungewöhnlich, eine Regierung zwingen zu wollen, einen fremden Staat besetzt zu halten, in diesem Falle aber wäre es unser eigenster Wunsch,

das sagt Herr Winnig, der deutsche Gewerkschaftsführer! —

da es gelte, deutsches Blut zu schützen,

— die baltischen Barone —

und wir uns auch für moralisch gebunden hielten, dem Lande zu helfen, das wir aus seinem früheren staatlichen Zusammenhange frei gemacht hätten. Unsere Bestrebungen würden aber erschwert erstens durch den Zustand der Truppen, die unter dem Einfluß der Wirkung der Waffenstillstandsbedingungen nicht mehr kämpfen, sondern heim wollten, die außerdem aus alten kriegsinvaliden Leuten beständen; zweitens durch das Verhalten der hiesigen Regierungen,

gemeint sind die lettischen —

die die Deutschen als ihre Unterdrücker hinstellen. Wir wären bemüht, freiwillige, kampfbereite Verbände zu schaffen, was zum Teil schon gelungen sei.

Das ist Konterrevolution, was hier gemacht wird. Sie haben vor einiger Zeit von der Bildung der eisernen Division gelesen, die ausdrücklich zur Bekämpfung der Bolschewisten in den baltischen Ländern geschaffen wurde. Es war nicht klar, wie sich die Ebert-Scheidemann-Regierung dazu stellt. Jetzt wissen Sie, daß es diese Regierung selbst war, die den Vorschlag dazu gemacht hat.

Parteigenoffen, noch eine kleine Bemerkung über Winnig. Wir können es ruhig aussprechen, daß die deutschen Gewerkschaftsführer — es ist kein Zufall, daß ein Gewerkschaftsführer solche politischen Dienste leistet —, daß die deutschen Gewerkschaftsführer und die deutschen Sozialdemokraten die infamsten und größten Halunken, die in der Welt gelebt haben, sind.

(Stürmischer Beifall und Händeklatschen.)

Wissen Sie, wohin diese Leute, Winnig, Ebert, Scheidemann gehören? Nach dem deutschen Strafkoder, den sie ja selbst in voller Gültigkeit erklären, und nach dem sie selbst Recht sprechen lassen, gehören diese Leute ins Zuchthaus!

(Stürmische Zurufe und Händeklatschen.)

Denn nach dem deutschen Strafkoder wird mit Zuchthaus bestraft, der es unternimmt, deutsche Soldaten für ausländische Dienste zu werben. Und heute haben wir — das können wir ruhig heraussagen — an der Spitze der „sozialistischen Regierung nicht bloß Leute, die Judasse der sozialistischen Bewegung, der proletarischen Revolution sind, sondern auch Zuchthäusler, die überhaupt nicht in eine anständige Gesellschaft hineingehören.

(Stürmische Zustimmung.)

Ich werde Ihnen in Zusammenhang mit diesem Punkt zum Schluß meines Referats eine Resolution vorlesen, zu der ich Ihren einstimmigen Beifall erwarte, damit wir mit nötigem Nachdruck gegen diese Leute auftreten können, die die Geschicke Deutschlands nunmehr leiten.

Genoffen, um den Faden meiner Darlegungen wieder aufzunehmen: es ist klar, daß alle diese Machenschaften, die Bildung eiserner Divisionen und namentlich das erwähnte Uebereinkommen mit dem englischen Imperialismus nichts anderes bedeuten, als die letzten Reserven, um die deutsche sozialistische Bewegung zu erdrosseln, damit ist aber auch die Kardinalfrage, die Frage in bezug auf die Friedensaussichten aufs engste verknüpft. Was sehen wir in diesen Abmachungen anders als die Wiederentfachung des Krieges? Während diese Halunken in Deutschland eine Komödie aufführen, daß sie alle Hände voll zu tun hätten, den Frieden herzustellen und daß wir die Leute, die Störenfriede seien, die die Unzufriedenheit der Entente erregen und den Frieden hinauszögen, bereiten sie mit eigenen Händen das Wiederaufflammen des Krieges, des Krieges im Osten vor, dem der Krieg in Deutschland auf dem Fuße folgen wird. So haben Sie auch hier wieder die Situation, die dazu führt, daß wir uns in eine Periode der scharfen Auseinandersetzung begeben müssen. Wir werden zusammen mit dem Sozialismus und

den Interessen der Revolution auch die Interessen des Weltfriedens
zu verteidigen haben, und dies ist gerade die Bestätigung der Taktik,
die wir Spartakusleute wiederum als die einzigen während des
ganzen vierjährigen Krieges bei jeder Gelegenheit vertreten haben.
Friede bedeutet Weltrevolution des Proletariats! Es gibt keinen
Weg, den Frieden wirklich herzustellen und zu sichern, als
g des sozialistischen Proletariats.

(Lebhafte Zustimmung.)

Parteigenossen, was ergibt sich für uns daraus als allgemeine
taktische Richtlinie für die Situation, in der wir in nächster Zeit
stehen? Das Nächste, was Sie daraus schließen werden, ist wohl die
Hoffnung, daß nun der Sturz der Ebert-Scheidemann-Regierung
erfolgt und daß sie durch eine ausgesprochen sozialistisch-proletarisch-
revolutionäre Regierung ersetzt werden müßte. Allein, ich möchte
Ihr Augenmerk nicht nach der Spitze, nach oben richten, sondern nach
unten. Wir dürfen nicht die Illusion der ersten Phase der Revolution, der des 9. November, weiterpflegen und wiederholen, als sei
es überhaupt für den Verlauf der sozialistischen Revolution genü-
gend, die kapitalistische Regierung zu stürzen und durch eine andere
zu ersetzen. Nur dadurch kann man den Sieg der proletarischen Revolution herbeiführen, daß man umgekehrt anfängt, die Regierung
Ebert-Scheidemann zu unterminieren durch einen sozialen, revolutionären Massenkampf des Proletariats auf Schritt und Tritt, auch
möchte ich Sie hier an einige Unzulänglichkeiten der deutschen Revolution erinnern, die nicht mit der ersten Phase überwunden worden
sind, sondern deutlich zeigen, daß wir leider noch nicht soweit sind,
um durch den Sturz der Regierung den Sieg des Sozialismus zu
sichern. Ich habe Ihnen darzulegen versucht, daß die Revolution
des 9. November vor allem eine politische Revolution war, während
sie doch in der Hauptsache noch eine ökonomische werden muß. Sie
war aber auch nur eine städtische Revolution, das flache Land ist
bis jetzt so gut wie unberührt geblieben. Es wäre ein Wahn, den
Sozialismus ohne Landwirtschaft zu verwirklichen. Vom Standpunkt der sozialistischen Wirtschaft läßt sich überhaupt die Industrie
gar nicht umgestalten, ohne die unmittelbare Verquickung mit einer
sozialistisch umorganisierten Landwirtschaft. Der wichtigste Gedanke
der sozialistischen Wirtschaftsordnung ist Aufhebung des Gegensatzes
und der Trennung zwischen Stadt und Land. Diese Trennung,
dieser Widerspruch, dieser Gegensatz ist eine rein kapitalistische Erscheinung, die sofort aufgehoben werden muß, wenn wir uns auf den
sozialistischen Standpunkt stellen. Wenn wir Ernst machen wollen
mit einer sozialistischen Umgestaltung, müssen Sie Ihr Augenmerk
ebenso auf das flache Land richten, wie auf die Industriezentren,
und hier sind wir leider noch nicht einmal beim Anfang des An-
fangs. Es muß jetzt Ernst damit gemacht werden, nicht bloß aus
dem Gesichtspunkt heraus, weil wir ohne Landwirtschaft nicht sozia-

lifieren können, sondern auch, weil, wenn wir jetzt die letzten Re-
ferven der Gegenrevolution gegen uns und unsere Bestrebungen aufgezählt haben, wir eine wichtige Reserve noch nicht aufgezählt
haben, das Bauerntum. Gerade, weil es bis jetzt unberührt geblieben ist, ist es noch eine Reserve für die konterrevolutionäre
Bourgeoisie. Und das erste, was sie tun wird, wenn die Flamme
des sozialistischen Streiks ihr auf den Fersen brennt, ist die Mobili-
fierung des Bauerntums, des fanatischsten Anhängers des Privat-
eigentums. Gegen diese drohende konterrevolutionäre Macht gibt
es kein anderes Mittel, als den Klassenkampf aufs Land hinauszu-
tragen, gegen das Bauerntum, das landlose Proletariat und das
Kleinbauerntum mobil zu machen.

(Bravo! und Händeklatschen.)

Daraus ergibt sich, was wir zu tun haben, um die Voraus-
setzungen des Gelingens der Revolution zu sichern, und ich möchte
unsere nächsten Aufgaben deshalb dahin zusammenfassen: wir müssen
vor allen Dingen das System der Arbeiter- und Soldatenräte, in
der Hauptsache das System der Arbeiterräte in der Zukunft ausbauen, nach allen Richtungen hin. Was wir am 9. November
übernommen haben, sind nur schwache Anfänge und nicht bloß das.
Wir haben in der ersten Phase der Revolution sogar große Machtmittel wieder verloren. Sie wissen, daß ein fortgesetzter Abbau des
Arbeiter- und Soldatenräte-Systems durch die Gegenrevolution vorgenommen worden ist. In Hessen sind die Arbeiter- und Soldatenräte durch die konterrevolutionäre Regierung überhaupt aufgehoben
worden, an anderen Stellen werden ihnen die Machtmittel aus der
Hand gerissen. Wir müssen deshalb nicht bloß das Arbeiter- und
Soldatenräte-System ausbauen, sondern auch die Landarbeiter und
Kleinbauern in dieses System der Räte einführen. Wir müssen die
Macht ergreifen, wir müssen uns die Frage der Machtergreifung
vorlegen als die Frage: was tut, was kann, was soll jeder Arbeiter-
und Soldatenrat in ganz Deutschland?

(Bravo!)

Dort liegt die Macht, wir müssen von unten auf den bürgerlichen
Staat aushöhlen, indem wir überall die öffentliche Macht, Gesetz-
gebung und Verwaltung nicht mehr trennen, sondern vereinigen, in
die Hände der Arbeiter- und Soldatenräte bringen.

Parteigenossen, das ist ein gewaltiges Feld, das zu beackern
ist. Wir müssen vorbereiten von unten auf, den Arbeiter- und
Soldatenräten eine solche Macht geben, daß, wenn die Regierung
Ebert-Scheidemann oder irgend eine ihr ähnliche gestürzt wird, dies
dann nur der Schlußakt ist. So soll die Machteroberung nicht
eine einmalige, sondern eine fortschreitende sein, indem wir uns
hineinpressen in den bürgerlichen Staat, bis wir alle Positionen be-

ſitzen und ſie mit Zähnen und Nägeln verteidigen. Und der ökono-
miſche Kampf, auch er ſoll nach meiner Auffaſſung und der Auffaſſung meiner nächſten Parteifreunde durch die Arbeiterräte geführt
werden. Auch die Leitung der ökonomiſchen Auseinanderſetzung und
die Hinüberleitung dieſer Auseinanderſetzung in immer größere
Bahnen ſoll in den Händen der Arbeiterräte liegen. Die Arbeiterräte ſollen alle Macht im Staate haben. Nach dieſer Richtung hin
haben wir in der nächſten Zeit zu arbeiten, und daraus ergibt ſich
auch, wenn wir uns dieſe Aufgabe ſtellen, daß wir mit einer
koloſſalen Verſchärfung des Kampfes in der nächſten Zeit zu rechnen
haben. Denn hier gilt es, Schritt um Schritt, Bruſt an Bruſt zu
kämpfen in jedem Staat, in jeder Stadt, in jedem Dorf, in jeder
Gemeinde, um alle Machtmittel des Staates, die der Bourgeoiſie
Stück um Stück entriſſen werden müſſen, den Arbeiter- und Soldatenräten zu übertragen. Dazu müſſen aber auch unſere Parteigenoſſen, dazu müſſen die Proletarier erſt geſchult werden. Auch
dort, wo Arbeiter- und Soldatenräte beſtehen, fehlt noch das Bewußtſein dafür, wozu die Arbeiter- und Soldatenräte berufen ſind.

(Sehr richtig!)

Wir müſſen die Maſſen erſt darin ſchulen, daß der Arbeiter- und
Soldatenrat der Hebel der Staatsmaſchinerie nach allen Richtungen
hin ſein ſoll, daß er jede Gewalt übernehmen muß und ſie alle in
dasſelbe Fahrwaſſer der ſozialiſtiſchen Umwälzung leiten muß. Davon ſind auch noch diejenigen Arbeitermaſſen, die ſchon in den Ar-
beiter- und Soldatenräten organiſiert ſind, meilenweit entfernt, ausgenommen natürlich einzelne kleinere Minderheiten von Prole-
tariern, die ſich ihrer Aufgaben klar bewußt ſind. Aber das iſt nicht
ein Mangel, ſondern das iſt gerade das Normale. Die Maſſe muß,
indem ſie Macht erfaßt, lernen, Macht ausüben. Es gibt kein
anderes Mittel, ihr das beizubringen. Wir ſind nämlich zum Glück
über die Zeiten hinaus, wo es hieß, das Proletariat ſozialiſtiſch
ſchulen. — Dieſe Zeiten ſcheinen für die Marxiſten von der Kautsky-
ſchen Schule bis auf den heutigen Tag noch zu exiſtieren. Die proletariſchen Maſſen ſozialiſtiſch ſchulen, das heißt: ihnen Vorträge
halten und Flugblätter und Broſchüren verbreiten. Nein, die ſozialiſtiſche Proletarierſchule braucht das alles nicht. Sie werden geſchult, indem ſie zur Tat greifen.

(Sehr richtig!)

Hier heißt es: Im Anfang war die Tat; und die Tat muß ſein, daß
die Arbeiter- und Soldatenräte ſich berufen fühlen und es lernen,
die einzige öffentliche Gewalt im ganzen Reiche zu werden. Nur
auf dieſe Weiſe können wir den Boden ſo unterminieren, daß er
reif wird zu dem Umſturz, der dann unſer Werk zu krönen hat. Und
deshalb, Parteigenoſſen, war es auch nicht ohne klare Berechnung
und ohne klares Bewußtſein, wenn wir Ihnen geſtern ausführten,
wenn ich ſpeziell Ihnen ſagte: Machen Sie ſich den Kampf nicht

~~weiter so bequem!~~ Von einigen Genossen ist es falsch dahin aufgefaßt worden, als hätte ich angenommen, sie wollten bei der Boy-
kottierung der Nationalversammlung mit verschränkten Armen stehen.
Nicht im Traum ist mir das eingefallen. Ich konnte bloß nicht mehr
auf die Sache eingehen; in dem heutigen Rahmen und Zusammenhang habe ich die Möglichkeit. Ich meine, die Geschichte macht es
uns nicht so bequem, wie es in den bürgerlichen Revolutionen war,
daß es genügte, im Zentrum die offizielle Gewalt zu stürzen und
durch ein paar oder ein paar Dutzend neue Männer zu ersetzen. Wir
müssen von unten auf arbeiten, und das entspricht gerade dem
Massencharakter unserer Revolution bei den Zielen, die auf den
Grund und Boden der gesellschaftlichen Verfassung gehen, das entspricht dem Charakter der heutigen proletarischen Revolution, daß
wir die Eroberung der politischen Macht nicht von oben, sondern
von unten machen müssen. Der 9. November war der Versuch, an
der öffentlichen Gewalt, an der Klassenherrschaft zu rütteln, — ein
schwächlicher, halber, unbewußter, chaotischer Versuch. Was jetzt
zu machen ist, ist, mit vollem Bewußtsein die gesamte Kraft des
Proletariats auf die Grundfesten der kapitalistischen Gesellschaft zu
richten. Unten, wo der einzelne Unternehmer seinen Lohnsklaven
gegenübersteht, unten, wo sämtliche ausführenden Organe der politischen Klassenherrschaft gegenüber den Objekten dieser Herrschaft, den
Massen stehen, dort müssen wir Schritt um Schritt den Herrschenden
ihre Gewaltmittel entreißen und in unsere Hände bringen. Wenn ich
es so schildere, nimmt sich der Prozeß vielleicht etwas langwieriger
aus, als man geneigt wäre, ihn sich im ersten Moment vorzustellen.
Ich glaube, es ist gesund für uns, wenn wir uns mit voller Klarheit alle
Schwierigkeiten und Komplikationen dieser Revolution vor Augen
führen. Denn ich hoffe, wie auf mich, so wirkt auch auf keinen
von Euch die Schilderung der großen Schwierigkeiten, der sich auf-
türmenden Aufgaben dahin, daß Ihr etwa in Eurem Eifer oder
Eurer Energie erlahmt; im Gegenteil: je größer die Aufgabe, um
so mehr werden wir alle Kräfte zusammenfassen; und wir vergessen
nicht: die Revolution versteht ihre Werke mit ungeheurer Ge-
schwindigkeit zu vollziehen. Ich übernehme es nicht, zu
prophezeien, wie viel Zeit dieser Prozeß braucht. Wer rechnet von
uns, wen kümmert das, wenn nur unser Leben dazu ausreicht, es
dahin zu bringen! Es kommt nur darauf a
wissen, was zu tun ist; und was zu tun ist,   ich mit meinen
schwachen Kräften Ihnen einigermaßen in den   auptzügen dargelegt
zu haben.*)

(Stürmischer Beifall.)

---

*) Der Wortlaut der Resolution S. 22 ist infolge der Unruhe, in der
die Kommunistische Partei unter den gegenwärtigen Umständen zu leben
gezwungen ist, verloren gegangen.

Die Amnestierung des Oberleutnants Vogel.

✠ **Berlin,** 11. Jan. (Priv.-Tel.) Das Landgericht Berlin III hat, wie schon berichtet, den wegen seiner Mitwirkung bei der Tötung der Frau Rosa Luxemburg vom Kriegsgericht verurteilten Oberleutnant Vogel auf Grund des Gesetzes vom 4. August 1920 amnestiert. In den Gründen des Beschlusses heißt es u. a.: „Die Tötung der Frau Luxemburg erfolgte in der Absicht, die damals offen gegen die Regierung kämpfenden Spartakisten einer Führerin zu berauben und war offensichtlich durch die politische Lage ausgelöst. Die Straftaten des Oberleutnants Vogel schließen sich der Zeit und ihren Beweggründen nach eng an diese Tötung an. Wenn es sich hierbei, besonders aus Rücksicht darauf, daß Frau Luxemburg bereits festgenommen und machtlos war, auch nicht um die eigentliche Abwehr eines hochverräterischen Unternehmens gegen das Reich handelte, so sind die Tötung und mithin auch die ihr nachfolgenden Straftaten nach den Umständen des Falles doch als im Zusammenhang mit einer solchen Abwehr begangen anzusehen, sodaß sie nach § 1 Absatz 3 des R. G. vom 4. 8. 20 als straffrei erscheinen, soweit nicht die Einschränkung dieses Absatzes oder der Absatz 4 entgegensteht, was bei den Straftaten, wegen deren die Verurteilung des Oberleutnants a. D Vogel erfolgte, nicht zutrifft. Die Handlungsweise des Verurteilten läßt zwar eine unerhörte Rohheit und Gewissenlosigkeit erkennen, sie hatte aber u. a. gleichzeitig den Zweck, die an der Tötung der Frau Luxemburg schuldigen Personen der Bestrafung zu entziehen, sodaß sie jedenfalls nicht lediglich auf Rohheit, Eigennutz oder sonstigen nicht politischen Beweggründen beruhte."

Ueber die Beschwerde, die der Staatsanwalt gegen diesen Beschluß mit Recht eingelegt hat, hat das Kammergericht zu entscheiden. Die Landgerichtsentscheidung ist ebenso unhaltbar wie die Einstellung des Verfahrens im Falle Kessel.

CPSIA information can be obtained
at www.ICGtesting.com
Printed in the USA
BVHW040726310119
538843BV00016B/354/P

9 780364 725320